Fabio Tordi

la raccolta definitiva delle vignette imbruttite

"HEY CORTANA!"

El Tordo Imbruttito

SEI FUORI COME UN BALCONE

El Tordo Imbruttito

NON INGANNA IL TEMPO, CAZZEGGIA

El Tordo Imbruttito

NO MA FALLE DUE GOCCE OGNI TANTO

El Tordo Imbruttito IN AUTO

SFANALA PER SEGNALARE UN POSTO DI BLOCCO

El Tordo Imbruttito A MILANO

SERATINA AL SIO ?

El Tordo Imbruttito STUDENTE

NON HA MAI FATTO UNO SCRITTO SENZA BIGLIETTINI

El Tordo Imbruttito

CHIEDI LE COSE E NON LE RESTITUISCI?

HAI ROTTO!

El Tordo Imbruttito

NON CADE ROVINOSAMENTE, CAPPOTTA

El Tordo Imbruttito

NON SOPPORTA
QUELLI CHE PIGIANO
TUTTI I TASTI
DELL'ASCENSORE

El Tordo Imbruttito
IN AUTO

DUE GOCCE
E LA GENTE
NON SA PIÙ
GUIDARE

El Tordo Imbruttito

NON VA A
DORMIRE, VA
SOTTOCOPERTA

SI SCRIVE C'È
E NON CE,
NEANCHE CÈ

El Tordo Imbruttito
MAESTRINO

ANNO =
365 GIORNI
HANNO =
VOCE DEL
VERBO AVERE

COL PAMPERO

El Tordo Imbruttito

OHLAMADONNA!

El Tordo Imbruttito

SPETTACOLO!

UN CAFFE'
E UN MONTENEGRO
SENZA GHIACCIO

PIZZA
PROSCIUTTO
E RUCOLA

El Tordo Imbruttito

CI
AGGIORNIAMO

El Tordo Imbruttito
AL BAR

NON E'
UBRIACO,
E' "IN FORMA"

FIGA,
MOLLAMI!

NON
CONDISCE
MAI
L'INSALATA

El Tordo Imbruttito
IN AUTO

LA
PRECEDENZA
CE L'HA CHI
SE LA PRENDE

El Tordo Imbruttito

AL TELEFONO DICE:
"PRONTI!"

UE'
TERUN

IN AUTO
CONTROLLA IL SEMAFORO
DEI PEDONI SE
DIVENTA ROSSO

SI SVEGLIA E
LEGGE LE EMAIL

DEVE ESSERE SERVITO
COL CUCCHIAINO PICCOLO
SULLA DESTRA

HA UN ACCOUNT
PER OGNI SERVIZIO
INTERNET ESISTENTE

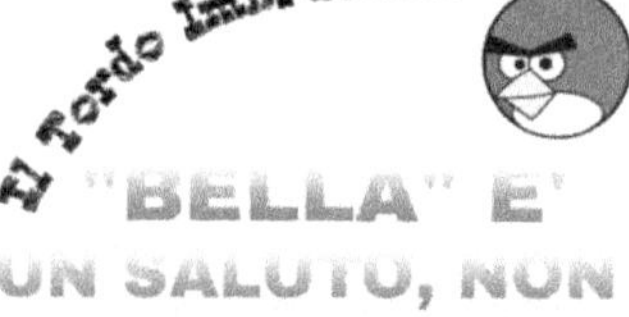

UN SALUTO, NON
UN COMPLIMENTO

El Tordo Imbruttito
AL COMPUTER

QUELLI CHE
PARLANO DEL METEO
SU FACEBOOK
HANNO ROTTO!

El Tordo Imbruttito

NON FA UN RIPOSINO, SI "DIVANIZZA"

El Tordo Imbruttito AL BAR

UN TE' FREDDO? NO, UN ESTATHE ALLA PESCA!

El Tordo Imbruttito AL COMPUTER

COMPREREBBE TUTTO SU INTERNET

El Tordo Imbruttito AL COMPUTER

HA MESSO IL BLOCCO ALLE RICHIESTE DI GIOCHI SU FACEBOOK

El Tordo Imbruttito

USA "TROPPO" COME RAFFORZATIVO

El Tordo Imbruttito

MI STAI ASCIUGANDO!

El Tordo Imbruttito

NON SI SI TAGLIA COL RASOIO, SI FA UNO "SBREGO"

El Tordo Imbruttito AL COMPUTER

SCLERA SE UNO NON SA USARE IL COMPUTER

El Tordo Imbruttito
IN AUTO
NON
SOPPORTA
CHI STA IN SECONDA
CORSIA A 90KM/H

El Tordo Imbruttito
AL COMPUTER
NON MANDA
MAI LA CONFERMA
DI LETTURA
DELLE EMAIL

IN AUTO
USA IL RICONOSCIMENTO
VOCALE PER SCRIVERE
I MESSAGGI

El Tordo Imbruttito
AL BAR
NON SI
DICE "BERE TUTTO
D'UN FIATO"
MA "DI RIGORE"

El Tordo Imbruttito
AL BAR
UNA BIRRA
ALLA SPINA? NO, UNA
WEISS MEDIA!

El Tordo Imbruttito
ODIA GLI
APPLAUSI
ALL'ATTERRAGGIO

El Tordo Imbruttito
NON DICE
FIDANZATA
DICE TIPA

El Tordo Imbruttito
VASCO E'
SOLO S.SIRO
E S.SIRO E'
SOLO PRATO

El Tordo Imbruttito
SBROCCA
QUANDO NON
C'E' CAMPO

El Tordo Imbruttito

"GINA"
DICESI DI DONNA CHE SI VESTE O SI COMPORTA COME UNA VECCHIA ZIA

El Tordo Imbruttito

ANYWAY

El Tordo Imbruttito

"TI PASSA?"

El Tordo Imbruttito

AD MINCHIAM

El Tordo Imbruttito

'STO CALDO MI FA SVARIONARE

El Tordo Imbruttito

ODIA LE ZANZARE

El Tordo Imbruttito IN AUTO

E' CONTRARIO ALLE Z.T.L.

El Tordo Imbruttito

CAZZOTTORLI?

El Tordo Imbruttito IN AUTO

MA LA PATENTE L'HAI PRESA CON SCUOLA RADIOELETTRA?

El Tordo Imbruttito AL BAR

UN PANINO?
NO, UN PRIMAVERA!

El Tordo Imbruttito

CAZZOMENE?

El Tordo Imbruttito

NON PERDE OCCASIONE PER RICARICARE IL CELL

El Tordo Imbruttito Junior

AMAVA I LEGO E ODIAVA I PLAYMOBIL

El Tordo Imbruttito

HAI MANGIATO IL VETRO?

El Tordo Imbruttito Junior

D'ESTATE ANDAVA AL "CONI"

El Tordo Imbruttito IN AUTO

ODIA QUELLI CHE AL [illegible] SI FERMANO

El Tordo Imbruttito AL COMPUTER

NON SOPPORTA QUELLI CHE METTONO "MI PIACE" AI PROPRI POST

El Tordo Imbruttito

ASPETTO DA UN'ORA UN PARCHEGGIO, ARRIVI TU E ME LO RUBI? HAI ROTTO!

El Tordo Imbruttito Saggio

D'ALTRONDE E' COSI'

El Tordo Imbruttito IN SPIAGGIA

NON GLI PIACE CAMMINARE SULLA SABBIA

El Tordo Imbruttito

NON COSTA CARO, COSTA "UN BOTTO"

El Tordo Imbruttito
SONO IN
PARA TESA

El Tordo Imbruttito
Saggio
PERLE
AI
PORCI

El Tordo Imbruttito
PRECISO! TM

El Tordo Imbruttito
TRANQUI

El Tordo Imbruttito
NON DICE
"COME VA?" O
"COME STAI?",
MA: "COM'E'?"

El Tordo Imbruttito
A CENA
ODIA LE
ZUCCHINE

El Tordo Imbruttito
PIRLA

El Tordo Imbruttito
CONOSCE
I NOMI
DELLE VIE

El Tordo Imbruttito
AL BAR
CAFFE'
CORRETTO
AMARETTO

GHE N'E'
DE MAT

El Tordo Imbruttito

HE
LOVES
LONDON

El Tordo Imbruttito

NO, MA....
LA GENTE
STA MALE

El Tordo Imbruttito
A CENA

PANE E
SALAME?
SI GRAZIE!

El Tordo Imbruttito

STA
SEMPRE
BENE

El Tordo Imbruttito

NON GLI
GIRA LA TESTA,
HA UNO
"SVARIONE"

El Tordo Imbruttito

S.C. !

El Tordo Imbruttito

SEI
IN
FISSA?

El Tordo Imbruttito

SANTI
NUMI!

El Tordo Imbruttito
IN AUTO

HA LA
FOBIA DEI
PASSAGGI
A LIVELLO

El Tordo Imbruttito

OH!

El Tordo Imbruttito

NON MI PASSA
VERAMENTE
UN C***O

El Tordo Imbruttito

COLLASSARE:
RIPOSARSI QUANDO
SI E' STANCHISSIMI

El Tordo Imbruttito

METTE IL
CAPPELLINO

El Tordo Imbruttito

E' ABBONATO
A TOPOLINO
DAL 1980

El Tordo Imbruttito
A CENA

NON METTE
IL FORMAGGIO
SULLA PASTA

El Tordo Imbruttito
IN SPIAGGIA

LA SDRAIO?
SEI PAZZO?
SOLO LETTINO!

El Tordo Imbruttito

NON USA
(QUASI) MAI
L'OMBRELLO

El Tordo Imbruttito

VA MATTO
PER LE ROTELLE
ALLA LIQUIRIZIA

El Tordo Imbruttito

A MANETTA

El Tordo Imbruttito

RIMBALZATO= NON FATTO ENTRARE IN UN LOCALE

El Tordo Imbruttito

TEMPO ZERO

El Tordo Imbruttito

TI HA SEGATO LA TIPA? = TI HA LASCIATO LA FIDANZATA?

"SEI TAZZATO"?

PERCHE' QUANDO MUORE UNO FAMOSO TUTTI POSTANO COSE SU FACEBOOK?

El Tordo Imbruttito A CENA

MANGIA LA STAFFORELLA

El Tordo Imbruttito

UN POSTO NON E' LONTANO DA RAGGIUNGERE E' "UNA VASCATA"

El Tordo Imbruttito Junior

HA BUTTATO LA CARTELLA NEL BIDONE

El Tordo Imbruttito IN AUTO

STIMA PER LE AUTO 5 PORTE

El Tordo Imbruttito

HO FATTO UNA ROSPATA = MI SONO FREGATO CON LE MIE MANI

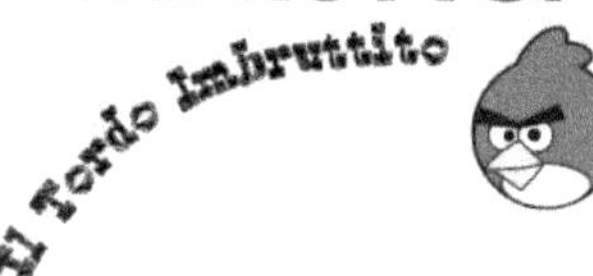

DI BRUTTO

El Tordo Imbruttito

GIOPPINO=
COLUI CHE FA DI
TUTTO X UNA TIPA
SENZA RICAVARNE NIENTE

RIPIGLIATI!

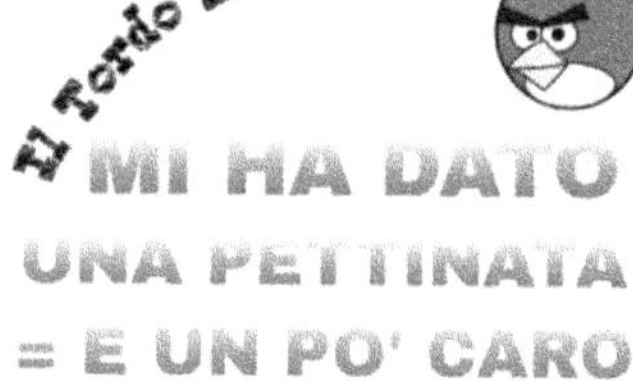

Il Tordo Imbruttito

MA

ANCHE

NO

Il Tordo Imbruttito

NON CHIAMA
MAI AI
NUMERI FISSI

Il Tordo Imbruttito
IN AUTO

HO FATTO
UNA "NAPOLI"

AL SUPER
PRENDE LA FRUTTA
GIA PRONTA

El Tordo Imbruttito

NON TOLLERA
QUELLI CHE BLOCCANO
L'ASCENSORE PER
SALIRE

El Tordo Imbruttito

USA "SELFIE"
COME SINONIMO
DI "FOTO"

El Tordo Imbruttito

TRUSCONE:
METODO NON
CONVENZIONALE PER
OTTENERE UN RISULTATO

L'UNICO
QUOTIDIANO CHE
CONCEPISCE E IL
CORRIERE DELLA SERA

El Tordo Imbruttito

PARCHEGGI LA
MOTO NEL PARCHEGGIO
DELLE AUTO?
HAI ROTTO!

El Tordo Imbruttito
Saggio

CHI NON HA
TESTA
ABBIA GAMBE

El Tordo Imbruttito
I GRANDI
PERCHÉ

PERCHE
QUANDO HAI BISOGNO
LA TORCIA HA LE
PILE SCARICHE?

El Tordo Imbruttito

SALCAZ

El Tordo Imbruttito

NON VA NEI
POSTI, CI FA
UN SALTO

El Tordo Imbruttito

STAPPA LE BOTTIGLIETTE CON QUALSIASI OGGETTO

El Tordo Imbruttito

SONO TALMENTE STANCO CHE SPACCO IL LETTO DAL SONNO!

El Tordo Imbruttito IN AUTO

AFFRONTA LA CORSIA TELEPASS A OLTRE 70 KM/H

El Tordo Imbruttito STUDENTE

ANDAVA AL BARATTA

El Tordo Imbruttito

INFATTI...

El Tordo Imbruttito

NON CONCEPISCE GLI HOTEL SENZA WI-FI

El Tordo Imbruttito

NON MOLLA MAI

El Tordo Imbruttito IN AUTO

ANCHE CON L'AUTO DIESEL LUI "FA BENZINA"

El Tordo Imbruttito Saggio

TRANQUILLO E' MORTO

El Tordo Imbruttito

NON DICE AVARO, DICE PELLEGRINO

El Tordo Imbruttito

NON LO SGRIDANO,
GLI FANNO
"LE MENATE"

amazon

El Tordo Imbruttito

NON SUPPORTA
QUELLI CHE IN TRENO
VOGLIONO INSTAURARE
UNA CONVERSAZIONE

El Tordo Imbruttito

IL RISVEGLIO
PIU DEVASTANTE
E' QUELLO DEL SABATO

DELL'ESSELUNGA
VA SEMPRE STORTO?

El Tordo Imbruttito

HAI UN'AUTO
DA 70.000 €
E VAI A 40 KM/H ?
HAI ROTTO!

El Tordo Imbruttito

WHATSAPPAMI
LE FOTO

RAMBO

El Tordo Imbruttito
STUDENTE

HA FATTO
L'UNIVERSITA
ALLA NAVE

SEI SIMPATICO

COME UNA BADILATA

SUI DENTI

QUANDO E SULL'

A7 SI SENTE

A CASA

El Tordo Imbruttito

SPEREM

SEEE,

AMERICA

El Tordo Imbruttito

RISOLVE

IL CUBO

DI RUBIK

PERCHE

LA TUA FILA ALLA

CASSA E PIU LENTA

DELLE ALTRE?

El Tordo Imbruttito

NON TOCCARLO

MENTRE GLI PARLI

El Tordo Imbruttito

C'E UNA SOLA

BIGLIETTERIA APERTA

E TU CHIEDI INFORMAZIONI

PER ANDARE

A VLADIVOSTOK?

HAI ROTTO!

BOMBARDINO?

CATEGORIA !

El Tordo Imbruttito

NON DICE
"TANTO", DICE
"UNA CIFRA"

El Tordo Imbruttito

UNO NON VIENE
INVESTITO, MA
"CATTATO SOTTO"

El Tordo Imbruttito
Junior

STAVA IN GIRO
TUTTO IL POMERIGGIO
E SUA MAMMA
NON SAPEVA DOVE FOSSE

El Tordo Imbruttito

TI DEVO
LASCIARE CHE
HO GENTE

TRAINSPOTTING

El Tordo Imbruttito

FESTEGGIA
SANTAMBROEUS
L'IMMACOLATA
E SAN SIRO

El Tordo Imbruttito

DAIFIGAMUOVITI!

El Tordo Imbruttito
STUDENTE

HA FATTO
ECONOMIA
IN SAN FELICE

El Tordo Imbruttito

ARRIVA SEMPRE
5 MINUTI
IN RITARDO

CERCAVA DI CONVINCERE
PASQUALE A FARGLI
LO SCONTO SULL'INGRESSO

El Tordo Imbruttito

ODIA QUELLI CHE SCRIVONO IL SUO COGNOME: "TORTI"

El Tordo Imbruttito A CENA

MILLANTA UNA CONOSCENZA DI VINI AL RISTORANTE

El Tordo Imbruttito

NON PAGA "IN CONTANTI" PAGA "CASH"

El Tordo Imbruttito A CENA

SI ALTERA SE QUELLO CHE HA ORDINATO È ESAURITO

El Tordo Imbruttito saggio

PIRLA PIRLA...

...PIRLA SEM NOM!

El Tordo Imbruttito

SE NON CI VEDIAMO PIU, AUGURI!

El Tordo Imbruttito

A POSTO

SIAMO!

El Tordo Imbruttito

DAI, BUTTIAMO IN PIEDI LA CENA DI NATALE

El Tordo Imbruttito

HA LA

TESTA DURA

El Tordo Imbruttito

COMPRA I PRIMI REGALI AD AGOSTO E GLI ULTIMI IL 24 POMERIGGIO

El Tordo Imbruttito

PREFERISCE IL PANETTONE

El Tordo Imbruttito I GRANDI PERCHÉ

PERCHE LA GENTE NON SI FA I CAZZI PROPRI?

I DONI LI PORTAVA GESU' BAMBINO E NON BABBO NATALE

El Tordo Imbruttito

TI DIMENTICHI I RETRONEBBIA ACCESI? HAI ROTTO!

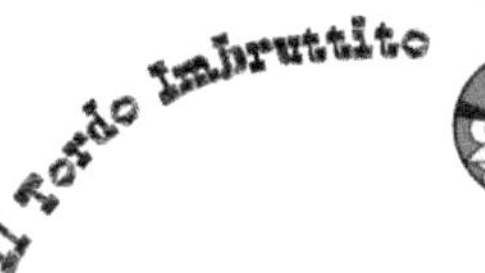

CE LA DEVO TROPPO FARE

El Tordo Imbruttito IN AUTO

DUE FIOCCHI DI NEVE E SONO TUTTI IMBRANATI...

El Tordo Imbruttito

COSA FAI A CAPODANNO?

El Tordo Imbruttito SUGLI SCI

LO SKILIFT? MA DOVE SIAMO, NEL MEDIOEVO?

El Tordo Imbruttito

MA CHI SEI, TRONCHETTI PROVERA?

PULP FICTION

AVEVA SIA IL BOB CHE LA SLITTA

El Tordo Imbruttito

GUARDA SEMPRE LA FORMULA 1 IN DIFFERITA

El Tordo Imbruttito STUDENTE

ANDAVA A BALLARE AL MASKARA

El Tordo Imbruttito

NON E SUPERSTIZIOSO

El Tordo Imbruttito A CENA

HA SEMPRE IL TAVOLO PRENOTATO

El Tordo Imbruttito

METTE GLI OROLOGI COI NUMERI

El Tordo Imbruttito

PARLI CON LA MIA TIPA E NON MI SALUTI NEANCHE? HAI ROTTO!

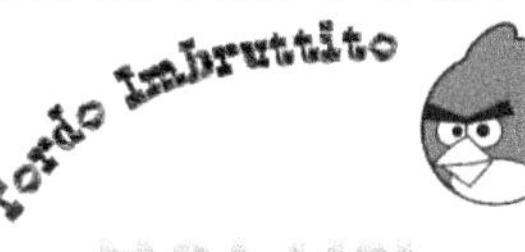

El Tordo Imbruttito

HAI UN TRAMPETTO?

El Tordo Imbruttito SUGLI SCI

SUPERA NELLE CODE ALLA SEGGIOVIA

El Tordo Imbruttito

(BOTTA DI CULO)

PERCHE
SOTTO LA DOCCIA IL
CAMPIONCINO DELLO SHAMPOO
NON SI APRE MAI?

El Tordo Imbruttito

ORMAI LA GENTE
GLI SUGGERISCE
COSA SCRIVERE
SULLA PAGINA DEL T.I.

NIENTE E'
PER SEMPRE

El Tordo Imbruttito

SE NON RISPONDO
E TI SCRIVO UN
MESSAGGIO,
CAZZORICHIAMI?

A NASCONDINO
DICEVA "TOPPA"
E NON "TANA"

El Tordo Imbruttito

MANGIA SOLO
CIBO A BASSO
CONTENUTO DI
SBATTIMENTO

NON SI PORTA
IL PANINO
DA CASA

El Tordo Imbruttito

SULLE SCALE MOBILI
SI STA A DESTRA!
(E SI SORPASSA SULLA SINISTRA)

TI RETWITTI
DA SOLO?
HA HA HA!

"POSSO RUBARE
IL GIORNALE?"

NON LAMPEGGIA
CON GLI ABBAGLIANTI,
"FA I FARI"

El Tordo Imbruttito

AL CINE
EVITA I FILM
3D

El Tordo Imbruttito
SUGLI SCI

FACCIAMO
LA NERA?

El Tordo Imbruttito

STAI TRA

El Tordo Imbruttito

MI VIENE
L'ABBIOCCO

SANDOKAN

APERITIVO
SUI NAVIGLI

El Tordo Imbruttito

"UN MIO AMICO"
PUO' VOLER DIRE
"UNO CHE CONOSCO"

LA VEGLIA
DEL BARATTA

IL TUO CANE
FA I BISOGNI
DAVANTI AL NEGOZIO?
HAI ROTTO!

SEI
PRESO
BENE?

El Tordo Imbruttito
SUGLI
SCI

DAI, FERMIAMOCI
ALL'AUTOGRILL
DI VIVERONE

E' UNO SBATTITO

TI CHE TE TACHET I TAC
TACAM I TAC.
TACAT I TAC A TI?
TACHETE TI I TO TAC,
TI CHE TE TACHET I TAC.

NON HO
DA SCRIVERE,
MANDAMI UN'EMAIL

El Tordo Imbruttito
Junior

SCAVALCAVA LA
RETE DEL CAMPO
DI BRALELLO PER
GIOCARE A TENNIS
CON GLI AMICI

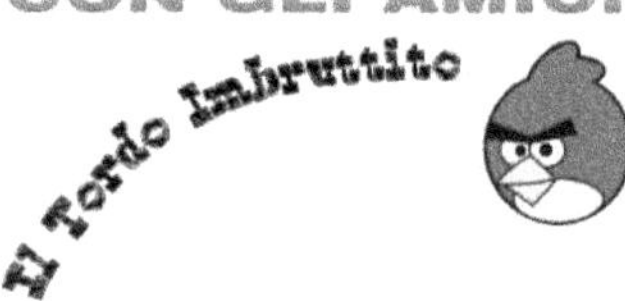

"STAI MESSO?"

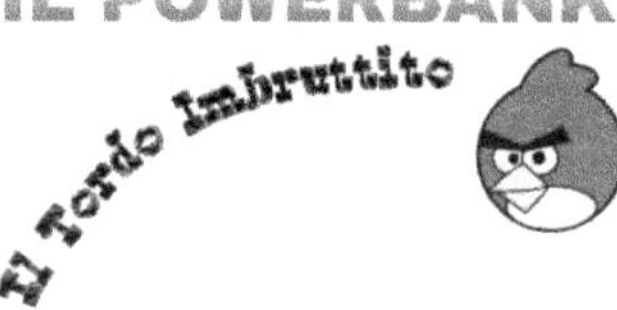

QUANDO SA
DI STARE IN GIRO
PORTA CON SE
IL POWERBANK

El Tordo Imbruttito

IL CARNEVALE
DI VARZI

A NASCONDINO DICEVA "TOPPA" E NON "TANA"

HA IMPARATO A SCIARE A CIMA COLLETTA

PERCHÉ LA PENNA USB NON SI INFILA MAI DAL LATO GIUSTO?

E' SEMPRE ON LINE

UN SALTO DAL LUCIO?

El Tordo Imbruttito

SERATA PACCO

AL DISTRIBUTORE NON HA SBATTI DI USARE I GUANTI

NON SI RICORDA MAI I NOMI DELLE PISTE (E DELLE BAITE)

NON SI BRUCIA SI "GRIMA"

BLADE RUNNER

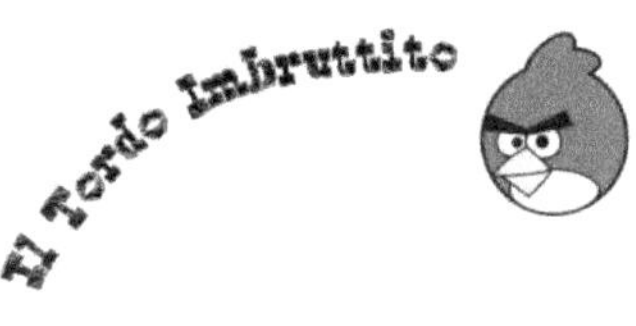

El Tordo Imbruttito

UELLA'

El Tordo Imbruttito

I GRANDI

PERCHÉ

PERCHE

APPENA ENTRI IN

AUTOSTRADA L'AUTO

VA IN RISERVA?

LA MORTADELLA
DELLO SCI CLUB

El Tordo Imbruttito
NON DICE
"ATTENZIONE",
DICE "OCCHIO!"

El Tordo Imbruttito
AL BAR
VIENI A BERE
UN BIRRINO?

ESTRAE
IL CELL

El Tordo Imbruttito
SE L'ASCENSORE
NON ARRIVA ENTRO
5 SECONDI
PRENDE LE SCALE

REGOLARE!

CANTEN TUCC "LUNTAN
DE NAPOLI SE MOR"
MA PO' VEGNEN
CHI A MILAN

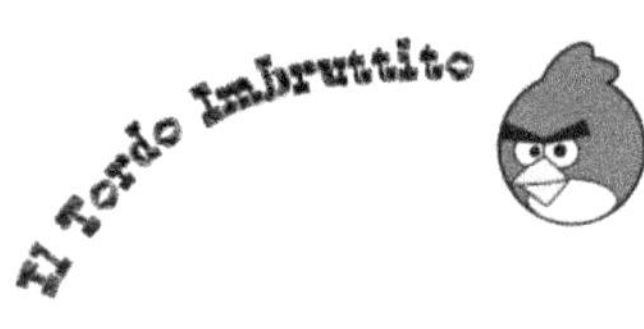

CHE DU' BAL!

HA SEMPRE
UNA PENNA USB
A DISPOSIZIONE

DOVREBBERO VIETARE
LO SCIOPERO
DEI MEZZI

NON E' STANCO,
E' A PEZZI

ODISSEA NELLO SPAZIO

El Tordo Imbruttito SUGLI SCI

SESTRIERE= GIORNALIERO COL CORDINO= PREISTORIA!

El Tordo Imbruttito

AL CINEMA NON SPEGNE MAI IL CELL

El Tordo Imbruttito STUDENTE

PRENDEVA IL PIAZZARDI PER OTTONE

El Tordo Imbruttito

IN CODA SBARELLA SE GLI STAI TROPPO ADDOSSO

El Tordo Imbruttito A CENA

NON MANGIA (QUASI MAI) IL PESCE

El Tordo Imbruttito

TI RICORDI QUELLA VOLTA AL KURSAAL...

El Tordo Imbruttito MAESTRINO

"SINDACA" NON SI PUÒ SENTIRE

El Tordo Imbruttito Junior

GIOCAVA A RIALZO

El Tordo Imbruttito

CHIAMI DALLA TIM, VODAFONE, TRE, WIND, FASTWEB, ENEL, SORGENIA, SKY, INFOSTRADA, ECC? HAI ROTTO!

El Tordo Imbruttito

ECCHEPPALLE

USA I
FAZZOLETTI
DI STOFFA

El Tordo Imbruttito
Saggio

CHI
PUO
DIRLO?

El Tordo Imbruttito

UNA COSA
NON E' BELLA,
MA "SPACCA"

NON BEVE
UN CAFFE',
PRENDE UN COFFEE

El Tordo Imbruttito

NON FARE
IL PRECISETTI!

HA BUTTATO
LA BICICLETTA
NEL FOSSO

El Tordo Imbruttito

ALLA
GRANDISSIMA!

OCIO AL PONTE
DELLA GHISOLFA

PARLIAMONE

PERCHE
LA LAVATRICE
FA SPARIRE
I CALZINI?

M109

SU EBAY
HA SOLO FEEDBACK
POSITIVI

El Tordo Imbruttito

ANTISGAMO EH?

NON SOPPORTA
I CICLISTI
AFFIANCATI

NON SI
ADDORMENTA,
SI SECCA

GUERRE
STELLARI

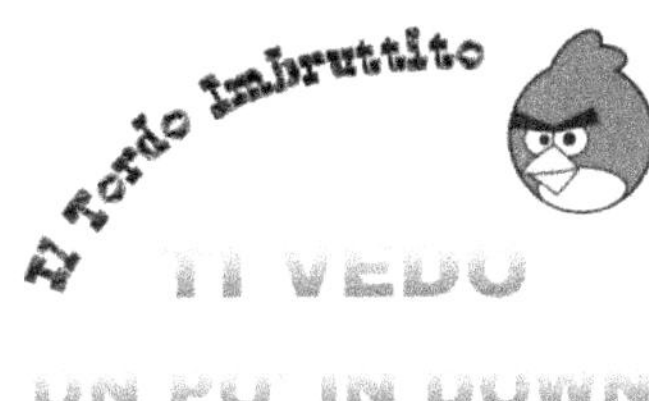

TI VEDO
UN PO' IN DOWN

PANINO
ALLE FATE?

STILOSO!

TE CAPI'?
TESTINA!

LA MENSA
DEL CRAVINO

El Tordo Imbruttito

NON SI RIPOSA,
FA UNA PENNICA

El Tordo Imbruttito

ENTRI IN NEGOZIO
ALLE 19:25, MI TIENI
LI FINO ALLE 20 E POI
DICI: RIPASSO?
HAI ROTTO!

HAI FATTO
SERATINA?

E' MULTICHAT

El Tordo Imbruttito
Saggio

CHI VUOL ESSER
LIETO, SIA: DEL
DOMAN NON V'E
CERTEZZA

El Tordo Imbruttito

ALL'ESSELUNGA
USA LA SCATOLA

El Tordo Imbruttito
AL BAR

APE?
PER LUI UNO
"SBAGLIATO"

El Tordo Imbruttito

GRAZIE,
GRAZIELLA E
GRAZIE AL ...

El Tordo Imbruttito
Junior

A.C.E.
ASSOCIAZIONE
CONTRO ENRICA

NON SI RIPOSA,
SI RIPIGLIA

IN METRO
HA SEMPRE
FRETTA

"TOTALE"

= PER FARLA BREVE

El Tordo Imbruttito

NON RIDE
DI GUSTO,
SI SGUARA

LUI NON FORMATTA
LUI "PIALLA"

NON RACCOGLIE
I SOLDI,
FA UNA COLLA

NON CONNETTE
PRIMA DI
COLAZIONE

USA SEMPRE
IL PASSAPORTO

El Tordo Imbruttito

SPETTACOLO!

El Tordo Imbruttito
IN AUTO

OK, TI HO FATTO ATTRAVERSARE, PERO' MUOVITI!

El Tordo Imbruttito

PUBBLICA QUASI SEMPRE TRA LE 8,30 E LE 9

BUD SPENCER
&
TERENCE HILL

El Tordo Imbruttito

NON TI SI PUO' ASCOLTARE

El Tordo Imbruttito
A CENA

SE ASPETTA TROPPO DICE: ADESSO CERCO IL NUMERO DEL RISTORANTE SULLE PAGINE GIALLE E GLI TELEFONO

El Tordo Imbruttito

NON DICE BUSTA, DICE SACCHETTO

El Tordo Imbruttito

#VFC

El Tordo Imbruttito

VUOI PASSARMI DAVANTI IN CODA? HAI ROTTO!

El Tordo Imbruttito
AL BAR
COLAZIONE
SOLO DA
SEDUTO

PERSONALIZZATE

El Tordo Imbruttito
PAURA!

El Tordo Imbruttito
Junior
COLLEZIONAVA
I TAPPI
DI BOTTIGLIA

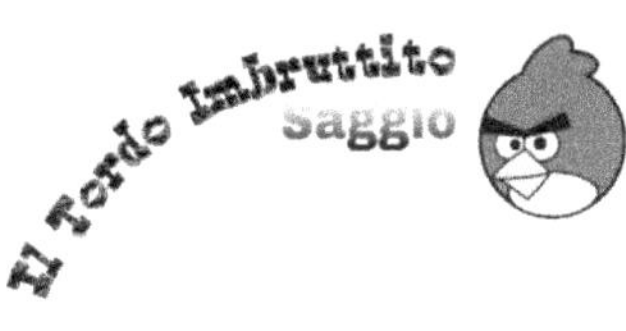

El Tordo Imbruttito
IN AUTO
SCUSASCUSASCUSA,
DEVO METTERE GIÙ
CHE C'È LA POLA

FIGAMUOIO!

VA BEH,
SE PROPRIOPROPRIO...

IL VIAGGIO
DELLA SPERANZA

PERCHÉ
TI CHIEDONO L'AMICIZIA
SU FACEBOOK E POI IN
GIRO NON TI SALUTANO?

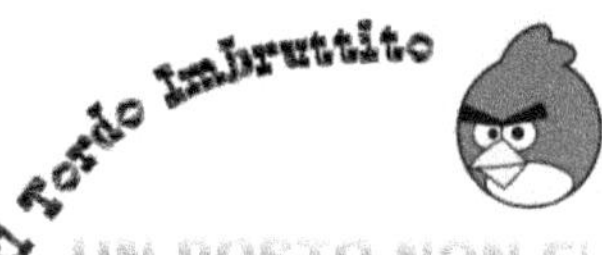

UN POSTO NON E'
MOLTO LONTANO,
E' IN "INCULANDIA"

NON HA MAI CAPITO
SE IL BROWSER SI DICE
"BROSER" OPPURE "BRAUSER"

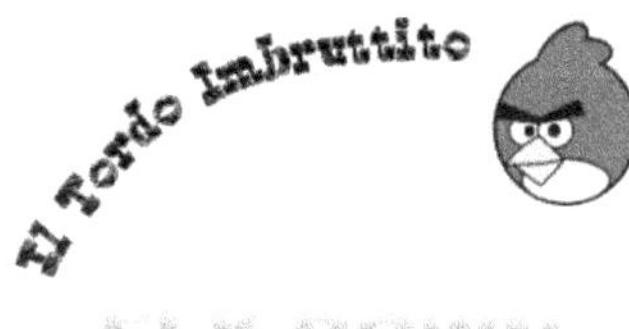

FLY DOWN

LEGGE UN LIBRO
DURANTE IL DECOLLO

El Tordo Imbruttito
CMQ

El Tordo Imbruttito
A CENA
E SECCATO
SE AL RISTORANTE
IL CAMERIERE NON SERVE
PRIMA LE SIGNORE

El Tordo Imbruttito
FILM
CULT
NIGHTMARE

El Tordo Imbruttito
NON E'
POLITICALLY CORRECT

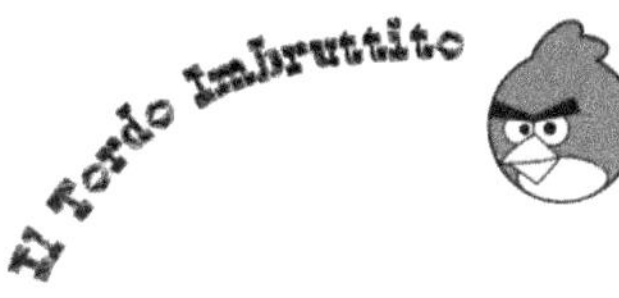
El Tordo Imbruttito
BELLA VITA!

El Tordo Imbruttito
E' UNO
REGOLARE

El Tordo Imbruttito
A
MILANO
SEE YOU
LATER

El Tordo Imbruttito
NON SODA,
PEZZA

El Tordo Imbruttito
NON SI VESTE
ELEGANTE, SI
METTE IN GHINGHERI

El Tordo Imbruttito
STUDENTE
MERENDA
A SCUOLA?
PIZZETTAGGIO!

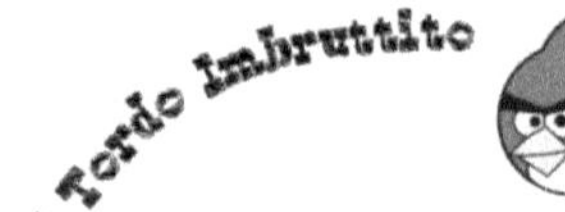

USSIGNUR!

CAZZOTISUONI?

C.V.D.

SBUFFA QUANDO SU WHATSAPP QUALCUNO "STA SCRIVENDO" E NON SCRIVE MAI

CI SPARIAMO UN CINE?

E BELLO AVERE VENT'ANNI: IO CE LI HO DA UN SACCO DI TEMPO!

CIAOCARO!

El Tordo Imbruttito AL BAR

IL 99% DELLE CAMERIERE SI CHIAMA: "SCUSA!"

MI DEVI
MOLLARE!

SOLO
PASTA
IN BIANCO

El Tordo Imbruttito

LUI NON
CORTEGGIA,
BROCCOLA

PERCHÉ
I CESSI DELLE
DISCOTECHE FANNO
SEMPRE SCHIFO?

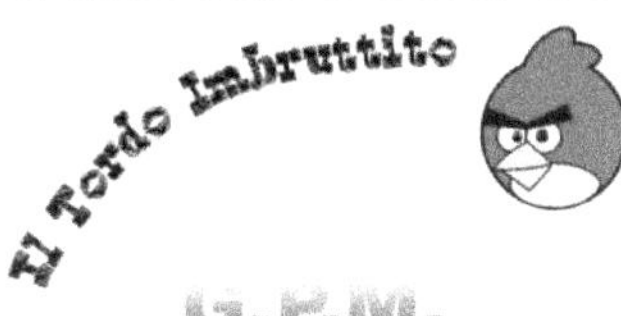

G.P.M.
GHE PENSI MI

NON VA MAI
IN BAGNO

El Tordo Imbruttito

NON FARE
IL BULLO !

El Tordo Imbruttito
IN SPIAGGIA

SBARELLA PER I
BAMBINI CHE CORRONO
E GLI BUTTANO LA
SABBIA SUL LETTINO

El Tordo Imbruttito

USA
"...NE ABBIAMO?"
AL POSTO DI
"MA QUANTI...!"

El Tordo Imbruttito
A
MILANO

"TI TE SE'
FORA DE MAI"

SPAGHETTI
WESTERN

El Tordo Imbruttito

NO GRAZIE,
HO GIA' DATO

AL RISTORANTE
NON ARRIVA MAI
PRIMA DELLE 2030
(SAREBBE MEGLIO LE 21)

NON E' MOGIO
E' "GIU' DI BIRO"

HA FATTO I
"3 GIORNI" A MILANO
IN VIA VINCENZO MONTI

UE' ALORA,
CE LA FACCIAMO?

NON METTE LA
CREMA (E POI
SI SCOTTA)

El Tordo Imbruttito

VA A CIAPA'
I RATT

El Tordo Imbruttito

E' SEMPRE
SUL PEZZO

El Tordo Imbruttito
IN AUTO

CONTROLLA
IL SEMAFORO
GIA' A 500m
DI DISTANZA

TI RICHIAMO
TRA UN PO'

El Tordo Imbruttito

CHE CINEMA!

El Tordo Imbruttito

TAAAAC!

El Tordo Imbruttito

NON DICE
ASSOLUTAMENTE NO,
DICE: ZERO!

CHI HA I DENTI
NON HA IL PANE,
CHI HA IL PANE
NON HA DENTI

El Tordo Imbruttito
IN SPIAGGIA

NON STA MAI
SOTTO
L'UMBRELLONE

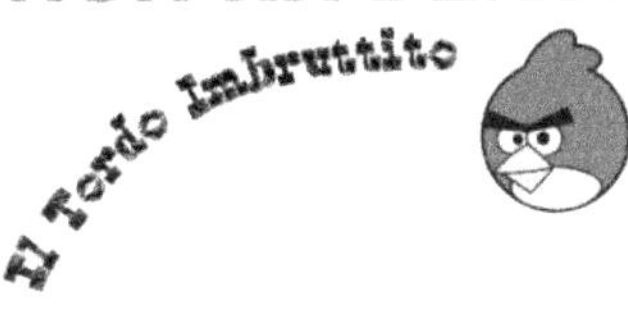

SI TAGGA QUANDO
VA A CORRERE

El Tordo Imbruttito

NON DICE
BELLA RAGAZZA,
DICE SGNACCHERA

ERA IL RE

DELLA SALAGIOCHI

NON TI DA

UN PASSAGGIO

TI DA UNO STRAPPO

NON HA LA

CERVICALE, HA IL

COLLO INCRICCATO

PERCHE

ALCUNI DICONO

"LIMONCINO" E ALTRI

"LIMONCELLO" ?

DISCIULES

El Tordo Imbruttito

USA IL PREFISSO

"STRA" COME

SUPERLATIVO

POINT BREAK

SCIALLARSELA =

DIVERTIRSI SENZA

PENSIERI

NON SI PORTA

DA MANGIARE

DA CASA

El Tordo Imbruttito

TU SI CHE

VAI BENE

El Tordo Imbruttito
@ PHONE

NON DIRMELO
A VOCE, MANDAMI
UN MESSAGGIO

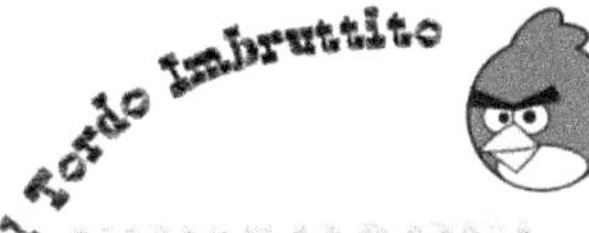

El Tordo Imbruttito

SBRAGARSI =
METTERSI IN RELAX,
SCIALLARSELA

El Tordo Imbruttito
A CENA

SBUFFA QUANDO AL
RISTORANTE SPENGONO LE
LUCI E PARTE LA
CANZONCINA DI
BUON COMPLEANNO

El Tordo Imbruttito

NON DICE
VOLANTINO,
DICE FLYER

El Tordo Imbruttito
STUDENTE

IGNEGNERIA INFORMATICA
E AUTOMATICA +
ECONOMIA MARKETING
& E-BUSINESS

El Tordo Imbruttito

HA IL SUO
BEL PERCHE

El Tordo Imbruttito

IN NEGOZIO MI
CHIEDI LO SCONTO
E IN GIRO NEANCHE
MI SALUTI?
HAI ROTTO!

El Tordo Imbruttito

NEI BAGNI PUBBLICI

PRETENDEREBBE
SEMPRE
L'ASCIUGAMANI
FUMAGALLI

El Tordo Imbruttito
Saggio

PERDONA TUTTO
MA NON
DIMENTICA NIENTE

El Tordo Imbruttito
IN AUTO

SE C'E IL GESTORE
FA SEMPRE
IL PIENO

El Tordo Imbruttito

ODIA "CIAONE"

El Tordo Imbruttito Junior

GELATO PANNA & CIOCCOLATO

PERCHE I PIATTI DI PLASTICA SONO DETTI "PIATTI DI CARTA"?

TI SUPERA SULLE SCALE MOBILI

El Tordo Imbruttito

ODIA CHI DICE AL CANE: "VIENI DA PAPÀ"

VACANZE DI NATALE

HA TUTTE LE APP AGGIORNATE

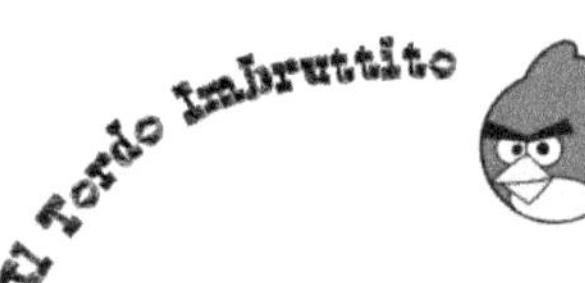

MA QUANTE NE SAI?

INSULTA LA MACCHINETTA DEL PEDAGGIO IN AUTOSTRADA

NON MANGIA IL POLLO CON LE MANI

AL BAR

NON DICE MAI
DI NO AD
UN CAFFE'

El Tordo Imbruttito
Saggio

TANTO NE AVEVO
TANTO NE HO

El Tordo Imbruttito

LUI NON
"DEVE ANDARE",
"DEVE SCAPPARE"

HA UN TOT
DI COVER

El Tordo Imbruttito

NON ACCENDE
IL RISCALDAMENTO,
DA' UNA FIAMMATA

El Tordo Imbruttito
A CENA

SI SIEDE NEL
POSTO CON LE
SPALLE AL MURO

El Tordo Imbruttito

USA "ENNEMILA"
PER DIRE "TANTI"

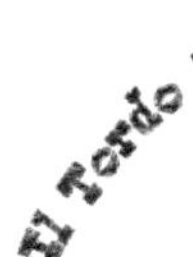

AL COMPUTER

USA WHATSAPP
COL COMPUTER

El Tordo Imbruttito

NON E DEPRESSO,
C'E RIMASTO SOTTO

IN AEREO

NON SGOMITA
QUANDO APRE
IL GATE

El Tordo Imbruttito

STUDENTE

NON HA MAI SALTATO UNA GITA

El Tordo Imbruttito

#DAICAZZO

El Tordo Imbruttito

STA PER PARTIRE L'ASCENSORE, ARRIVI TU E LO BLOCCHI? HAI ROTTO!

El Tordo Imbruttito

NON DICE CENTO EURO, DICE "CENTAURO"

El Tordo Imbruttito

IN AUTO

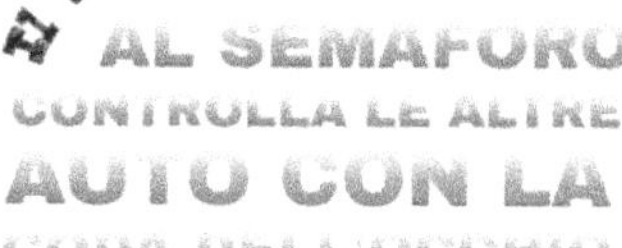

AL SEMAFORO CONTROLLA LE ALTRE AUTO CON LA CODA DELL'OCCHIO

El Tordo Imbruttito

Saggio

CHI E' CAUSA DEL SUO MAL PIANGA SE STESSO

El Tordo Imbruttito

OVVIO

El Tordo Imbruttito

Junior

GIRAVA CON LO SKATE

El Tordo Imbruttito

"SCATOLO" NON SI PUO' SENTIRE

El Tordo Imbruttito

FILM CULT

COMMANDO

Il Tordo Imbruttito

UN LOCALE
NON E' CHIC
E' "DI LIRA"

NON SUPPORTA IL:
"VUOLE IL MENU COLAZIONE?"
ALL'AUTOGRILL

HA UN'APP
PER QUALSIASI
COSA

GLI AUTOMOBILISTI
LENTI NELLA
CORSIA DI SORPASSO

"CI VEDIAMO O
CI SENTIAMO"

NON SOPPORTA
I COLTELLI CHE
NON TAGLIANO

CHIEDE LA PASSWORD
DEL WI-FI
IN OGNI LOCALE

NON RICORDARSI
DOVE SI E'
PARCHEGGIATA L'AUTO

SBROCCA PER
QUELLI CHE LASCIANO
ACCESI I FENDINEBBIA

ANDAVA DALLA
STAZIONE ALLA NAVE
IN BICICLETTA

UNA COSA NON
E' "DISDICEVOLE"
E' "DA ULTIMO"

ODIA...
QUANDO NELLA SALA
D'ATTESA VUOTA
UNO SI SIEDE
PROPRIO ACCANTO

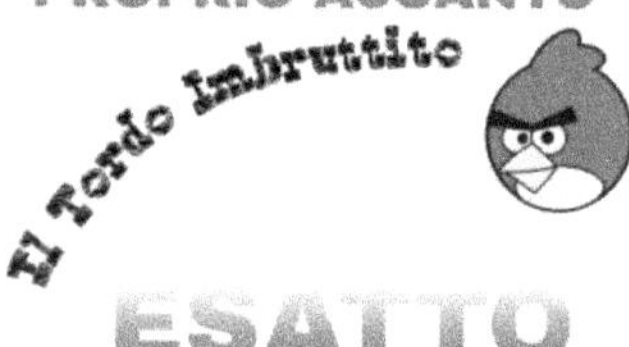

ESATTO

TI PRESTO UN
LIBRO E MI FAI
LE "ORECCHIE"
ALLE PAGINE?
HAI ROTTO!

FANTOZZI

CAZZOTICOMPRI UN
CELL DA 1000 EURO
SE POI NON LO SAI USARE?

PERCHE
IL MEDICO DICE
SEMPRE: NON
FARA' MALE" ?

El Tordo Imbruttito

"MA COME STAI?!"
=
"SEI MESSO MALE"

ODIA...

QUANDO IL
CALZINO SCENDE

NON STA
PARCHEGGIANDO, STA
METTENDO GIU'
LA MACCHINA

"SONO IN CHAT PESANTE"

El Tordo Imbruttito
IN AEREO

NON DICE EQUIPAGGIO, DICE CABIN CREW

El Tordo Imbruttito

USA "VEDI DI" COME RAFFORZATIVO DEGLI ORDINI

El Tordo Imbruttito
STUDENTE

IN PRIMA ELEMENTARE SAPEVA GIA' LEGGERE E SCRIVERE

El Tordo Imbruttito

MI RIEMPI IL TAVOLO CON GADGET INUTILI FINGENDO DI ESSERE SORDOMUTO? HAI ROTTO!

TROPPO AVANTI

ODIA... QUANDO CADE LA CATENA DELLA BICI

El Tordo Imbruttito
I GRANDI PERCHÉ

PERCHE QUANDO HAI UNA SOLA BIRO... NON SCRIVE?

PENSA CHE TUTTE LE CITTA' ABBIANO UNA STAZIONE "CENTRALE"

El Tordo Imbruttito

LUI NON SI ALZA DAL LETTO, LUI "STA SU"

RENATO POZZETTO

El Tordo Imbruttito

FIGACHENEBBIA!

El Tordo Imbruttito IN AUTO

IMPOSTA IL NAVIGATORE MA POI FA LA STRADA CHE DICE LUI

NON FA (QUASI MAI) FOTO AL CIBO

ODIA... QUANDO IL BANCOMAT NON FUNZIONA

DICE "TE" AL POSTO DI "TU"

El Tordo Imbruttito

HAI IL BABBO NATALE APPESO AL BALCONE? HAI ROTTO!

El Tordo Imbruttito I GRANDI PERCHÉ

PERCHE L'ACQUA DELLA DOCCIA E' GELATA OPPURE BOLLENTE?

El Tordo Imbruttito Saggio

CHI LASCIA LA VIA VECCHIA PER LA NUOVA, SA QUELLO CHE LASCIA, MA NON SA QUELLO CHE TROVA

USA GLI #HASHTAG ANCHE NEI MESSAGGI

El Tordo Imbruttito

ODIA...

QUANDO SUONA IL TELEFONO MENTRE DORMI E HANNO SBAGLIATO NUMERO

El Tordo Imbruttito

CHE SBALLO!

El Tordo Imbruttito

METTE LA SVEGLIA ANCHE DI DOMENICA

El Tordo Imbruttito

MI CHIAMI SOLO QUANDO HAI BISOGNO?

HAI ROTTO!

El Tordo Imbruttito AL COMPUTER

NON SOPPORTA I "SE SEI D'ACCORDO CONDIVIDI"

El Tordo Imbruttito Saggio

GLI UOMINI SONO COME IL COMMODORE 64: HANNO SOLO 16 COLORI

El Tordo Imbruttito

MI PARLI MENTRE FACCIO COLAZIONE?

HAI ROTTO!

El Tordo Imbruttito

AMA PARIGI

El Tordo Imbruttito

SOTTONE = UNO CHE... DICIAMO CHE GLI PASSA POCO

El Tordo Imbruttito FILM CULT

IL PADRINO

ODIA...

QUANDO SU INTERNET COMPILI TUTTO IL MODULO E PER ERRORE SI CANCELLA

El Tordo Imbruttito

COME BUTTA?

El Tordo Imbruttito

NON DICE "APERICENA"

El Tordo Imbruttito

MI FERMI PER STRADA E: "SCUSA POSSO FARTI UNA DOMANDA?" NO,

HAI ROTTO!

El Tordo Imbruttito

GALLARSELA = ESSERE FIERI DI AVER FATTO QUALCOSA

HA SEMPRE FREDDO ALLE MANI

El Tordo Imbruttito

NON HA UN APPUNTAMENTO, HA UN PUNTELLO

El Tordo Imbruttito

#*@!#!!

ODIA...

I SACCHETTI DELLA SPAZZATURA CHE SI BUCANO

El Tordo Imbruttito

NON LO STAI SECCANDO, GLI STAI SCASSANDO 3/4 DI MINCHIA

El Tordo Imbruttito

I GRANDI PERCHÉ

PERCHE

E' SEMPRE "L'INVERNO PIÙ FREDDO DEGLI ULTIMI 50 ANNI" ?

Il Tordo Imbruttito

NON VA A
DORMIRE, VA
IN BRANDA

Il Tordo Imbruttito

UEILÁ!

QUANDO CERCHI DI
NON FARE RUMORE
E INCIAMPI

NON È STANCO
È FUSO

Il Tordo Imbruttito
AL COMPUTER

NON CONDIVIDE
I TEST
SU FACEBOOK

Il Tordo Imbruttito

È SEMPRE
OPERATIVO

Il Tordo Imbruttito
IN AEREO

NON SPEGNE
MAI IL CELL

(LO METTE IN MODALITÀ ✈)

Il Tordo Imbruttito

"CONTA FINO
A 60
CHE ARRIVO"

Il Tordo Imbruttito
#*@!#!!
ODIA...

I PICCIONI

El Tordo Imbruttito

NON RINUNCIA, DÀ FORFAIT

ZARRO MA NON ZARRISSIMO

GUARDAVA EUROTV, ODEON E TELECITY

ODEON telecity

El Tordo Imbruttito

DICE "ALORA" CON UNA ELLE SOLA

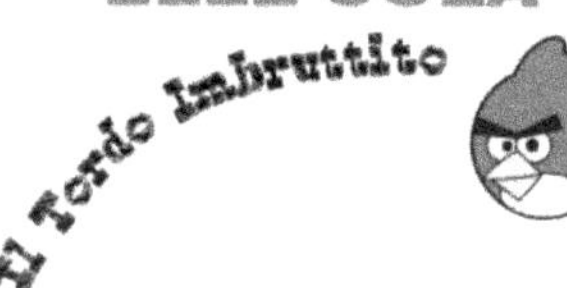

NON PORTA CON SÉ UNA COSA, LA PORTA "DIETRO"

ODIA...

I RITARDI DEI TRENI CHE AUMENTANO MENTRE ATTENDI

El Tordo Imbruttito

COSA MI RAPPRESENTA?

El Tordo Imbruttito

NON È STANCO È COTTO

El Tordo Imbruttito AL BAR

USA INDIFFERENTEMENTE ZUCCHERO BIANCO O NON RAFFINATO

El Tordo Imbruttito

IN PALESTRA SI PORTA DIETRO IL TELEFONO

PARCHEGGIA
SUI GIALLI

El Tordo Imbruttito

NON FA
MOLTO FREDDO,
MA FA "UN
FREDDO BECCO"

ODIA...

QUANDO MANCA
LA CARTA IGIENICA

"DAI CHE CI
PASSA UN
BILICO!"

NON SI ALZA,
SI RANCA
DAL LETTO

El Tordo Imbruttito
Saggio

ABBAIA
LA VOLPE

El Tordo Imbruttito
A CENA

NON SOPPORTA
I TAVOLI
CHE TRABALLANO

El Tordo Imbruttito

NON DICE CUFFIA
DICE SCUFFIA

ODIA...

QUANDO MACCHI
LA TOVAGLIA
APPENA CAMBIATA

SHINING

AL GIALLO
ACCELERA

FINGE
UN PASSATO
DA AGONISTA

RISPONDE CON:
"ECCOMI!"

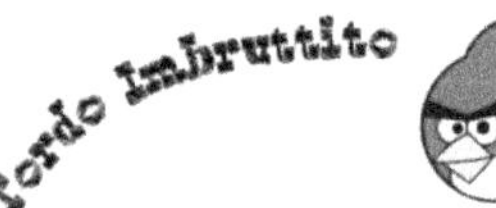

AL MATTINO
HA I TEMPI
OTTIMIZZATI

PARLA CON GLI
ALTRI AUTISTI
COME SE
LO SENTISSERO

El Tordo Imbruttito
IN AEREO

NON SGOMITA
QUANDO DEVE
RITIRARE I
BAGAGLI

El Tordo Imbruttito
A
MILANO

APPENA FINISCE
L'ORARIO DEL
DIVIETO IN AREA C
SI BUTTA SUBITO
IN CENTRO IN AUTO

El Tordo Imbruttito
STUDENTE

ALLE
ELEMENTARI
IN 4 E ALLE
MEDIE IN 8

El Tordo Imbruttito

CAZZOTIRIDI?

El Tordo Imbruttito
I GRANDI
PERCHÉ

PERCHE
QUANDO TI SCRIVI
LE COSE DA FARE
PERDI IL FOGLIO?

El Tordo Imbruttito
A CENA

MANGIA I SOFFICINI

El Tordo Imbruttito
AL COMPUTER

SI È GIÀ ROTTO DEI "COPIA & INCOLLA SUL TUO PROFILO"

El Tordo Imbruttito
SUGLI SCI

NON AMA LE GOBBE

El Tordo Imbruttito
#*@!#!!

ODIA...

QUELLI CHE SI FANNO SCHIOCCARE LE NOCCHE

LA FRETTA È UNA CATTIVA CONSIGLIERA

DEVO TROPPO DIRTI UNA COSA

El Tordo Imbruttito
IN AUTO

AL SEMAFORO CONTROLLA IL CELL

El Tordo Imbruttito
STUDENTE

...E ASPETTARE IL PIAZZARDI DELLE 6:40 AL FREDDO

El Tordo Imbruttito

TOH CIAPA LÌ

PERCHE

QUANDO LAVI L'AUTO PIOVE?

CAZZOMICHIAMI CON WHATSAPP?

El Tordo Imbruttito

#*@!#!!

ODIA...

QUELLI CHE LO CHIAMANO "COSO"

El Tordo Imbruttito

APPENA SI BUTTA SOTTO LA DOCCIA SI ACCORGE CHE LO SHAMPO È DALL'ALTRA PARTE DEL BAGNO

El Tordo Imbruttito A MILANO

PRENDE MULTE (QUASI) SOLO A MILANO

El Tordo Imbruttito

NON DICE "VA BENE" DICE "ANDATA!"

El Tordo Imbruttito IN AUTO

IN AUTOSTRADA MAI STATO IN PRIMA CORSIA

El Tordo Imbruttito @ PHONE

VA IN SBATTI QUANDO METTE LA SVEGLIA E IL CELL GLI RICORDA TRA QUANTE ORE SUONERÀ

El Tordo Imbruttito

NON È IN DIFFICOLTÀ, È "IN CURVA"

El Tordo Imbruttito Junior

IN TV SOLO IL "PRIMO" E IL "SECONDO"

Il Tordo Imbruttito
AL BAR

APERITIVAZZO?

Il Tordo Imbruttito

ODIA...

QUANDO CAMBIANO
IL GIORNO ALLE
TRASMISSIONI TV

Il Tordo Imbruttito

TANTA
ROBA

Il Tordo Imbruttito
STUDENTE
ALLE
ELEMENTARI
LA "GITA" ERA
UNA PASSEGGIATA
DA PRODONGO
ALLA CROCE DEL
LESIMA

Il Tordo Imbruttito
Saggio

SI LAVORA
PER VIVERE
E NON SI VIVE
PER LAVORARE

Il Tordo Imbruttito

TI DEVO SEMPRE
SALUTARE IO
PER PRIMO?
HAI ROTTO!

Il Tordo Imbruttito

NON È SOTTOSOPRA,
NON È CONFUSO,
È SVARIONATO

Il Tordo Imbruttito
FILM
CULT

ROCKY

Il Tordo Imbruttito

NON USA
UN TRUCCO,
FA UNO SGAMO

Il Tordo Imbruttito
I GRANDI
PERCHÉ

PERCHÈ
QUANDO TI
SVEGLI DA SOLO
DOPO 20 SECONDI
SUONA LA SVEGLIA?

El Tordo Imbruttito

SONO IN BOLLA

El Tordo Imbruttito
IN AEREO

NON ASCOLTA I CONSIGLI DI SICUREZZA

El Tordo Imbruttito

NON BUTTA UNA COSA, LA "ARCHIVIA"

El Tordo Imbruttito
IN AUTO

CONTINUA A GIRARE FINCHÉ NON TROVA UN PARCHEGGIO VICINO

UÉ GUARDA CHE IL MIO TELEFONO ☎ FUNZIONA ANCHE IN RICEZIONE

El Tordo Imbruttito

NON RIDE A CREPAPELLE, MUORE

El Tordo Imbruttito

ODIA...

TAGLIARSI CON LA CARTA

El Tordo Imbruttito

MI PARCHEGGI APPICCICATO ALL'AUTO? HAI ROTTO!

El Tordo Imbruttito

NON DICE "COME AL SOLITO", DICE "UN CLASSICO"

El Tordo Imbruttito
Saggio

FARE E DISFARE È TUTTO UN LAVORARE

QUANDO DICI
NO E GLI ALTRI
INSISTONO

El Tordo Imbruttito

LA FRESCA=
DENARO CONTANTE
IN TASCA

ALLA SERA HAI
UN'IDEA BRILLANTE
E AL MATTINO
NON TE LA RICORDI?

LA PAROLA
"SINERGIA"

QUANDO PARLA
AL TELEFONO
NON STA
MAI FERMO

El Tordo Imbruttito
IN AUTO

NON HA MAI
MESSO LA "P"
DI PRINCIPIANTE
QUANDO IMPARAVA
A GUIDARE

El Tordo Imbruttito

NON SI
INFASTIDISCE,
SBARELLA

El Tordo Imbruttito
@ PHONE

"OK GOOGLE"

El Tordo Imbruttito
@ PHONE

NON HA SBATTI
DI ASCOLTARE
I MESSAGGI
VOCALI

El Tordo Imbruttito

LUI NON
SGRIDA,
CAZZIA

El Tordo Imbruttito
A CENA

NON MANGIA
UN PANINO, MA
UN PANOZZO

El Tordo Imbruttito

NON SCRIVE
FINE SETTIMANA,
SCRIVE WE

El Tordo Imbruttito

"MAGARI UN
SALTO
LO FACCIO"

El Tordo Imbruttito

NON BRILLA,
SBERLUCCICA

El Tordo Imbruttito
IN AUTO

SMETTE DI
PARLARE
PER SENTIRE IL BIP
DEL TELEPASS

El Tordo Imbruttito
IN SPIAGGIA

LEGGE

El Tordo Imbruttito

NON STA
MEGLIO,
SI RIPIGLIA

El Tordo Imbruttito
A CENA

NON MANGIA,
SI SPARA
QUALCOSA

El Tordo Imbruttito

NON DICE
CONFUSIONE,
DICE DELIRIO

El Tordo Imbruttito
FILM
CULT

LA STORIA
INFINITA

El Tordo Imbruttito
IN SPIAGGIA

GIRETTINO A SANTA?

El Tordo Imbruttito

NON SI RENDE SIMPATICO, FA LO SHOW

El Tordo Imbruttito

NON È ANDATO VIA, È FUORI SEDE

El Tordo Imbruttito

ASCIUGONE= COLUI CHE NON TI MOLLA

El Tordo Imbruttito

"FIGA" È UN RAFFORZATIVO DI QUELLO CHE DICE, DA METTERE A INIZIO FRASE

El Tordo Imbruttito

SE NON CI VEDIAMO PIÙ BUONEVACANZE!

El Tordo Imbruttito

IN CHE STATO!

El Tordo Imbruttito

MASEISCEMO?

El Tordo Imbruttito

#*@!#!!

ODIA...

SEDERSI DOVE C'È LA GAMBA DEL TAVOLO

El Tordo Imbruttito

NON DICE T'IMMAGINI, DICE TI VEDI

El Tordo Imbruttito

NON SI
PUÒ SENTIRE

El Tordo Imbruttito

NON RIDE TANTO,
STA MALE

El Tordo Imbruttito

#*@!#!!

ODIA...

LE BEVANDE GASATE
....SGASATE

El Tordo Imbruttito

È UN MUST

El Tordo Imbruttito

NON CHIEDE:
ANDIAMO?
DICE: FACCIAMO
QUELLI CHE VANNO?

El Tordo Imbruttito

I GRANDI
PERCHÉ

PERCHE
PESTARE UNA
PORTEREBBE
FORTUNA?

El Tordo Imbruttito

NEI BAGNI SENZA
SERRATURA SI TRASFORMA
IN CONTORSIONISTA
PER TENERE LA PORTA
CON UN PIEDE

El Tordo Imbruttito

#*@!#!!

ODIA...
I CAMERIERI
CHE TI PORTANO
VIA IL PIATTO
APPENA APPOGGI
LA FORCHETTA

El Tordo Imbruttito
A CENA

PRENDE SEMPRE
IL BIGLIETTO
DA VISITA
DEL RISTORANTE

El Tordo Imbruttito

NON DÀ UN
PUGNO O UNO
SCHIAFFO, DÀ
UNA CENTRA

Il Tordo Imbruttito

MA CHE TESTA C'HAI?

Il Tordo Imbruttito

#*@!#!!

ODIA... QUELLI CHE DANNO LA MANO MOLLE

Il Tordo Imbruttito

NON RIMANE PIETRIFICATO, SBACCALISCE

Il Tordo Imbruttito

NON DÀ FUORI DI TESTA, SCLERA

Il Tordo Imbruttito AL COMPUTER

NON SCRIVE NOMI DI ATLETI CHE PRATICANO SPORT DI CUI FINO A IERI IGNORAVA L'ESISTENZA SOLO PERCHÉ HANNO VINTO UNA MEDAGLIA ALLE OLIMPIADI

Il Tordo Imbruttito Saggio

SE VA BENE È COSÌ, SE NO È COSÌ LO STESSO

Il Tordo Imbruttito MAESTRINO

PO' SI SCRIVE CON L'APOSTROFO

Il Tordo Imbruttito AL BAR

ASPETTA IL CAFFÈ CON LA BUSTINA IN MANO GIÀ APERTA

Il Tordo Imbruttito MAESTRINO

DOPO OGNI SEGNO DI PUNTEGGIATURA CI VUOLE UNO SPAZIO

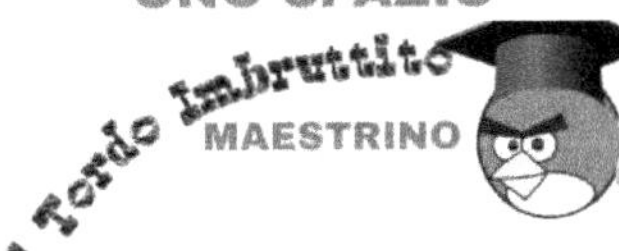

Il Tordo Imbruttito MAESTRINO

SI SCRIVE SONO D'ACCORDO E NON SONO DACCORDO

www.ingramcontent.com/pod-product-compliance
Ingram Content Group UK Ltd.
Pitfield, Milton Keynes, MK11 3LW, UK
UKHW020234250726
13967UKWH00001B/361

9 781326 877422